AF607033

Cuadernos del Acantilado, 133

ELEGÍA JOSEPH CORNELL

MARÍA NEGRONI

ELEGÍA JOSEPH CORNELL

BARCELONA 2026 ACANTILADO

Publicado por
ACANTILADO
Quaderns Crema, S. A.

Muntaner, 462 - 08006 Barcelona
Tel. 934 144 906
correo@acantilado.es
www.acantilado.es

En la cubierta, *Objeto* (1940), de Joseph Cornell

ISBN: 979-13-87964-12-2
DEPÓSITO LEGAL: B. 898-2026

AIGUADEVIDRE *Gráfica*
QUADERNS CREMA *Composición*
ROMANYÀ-VALLS *Impresión y encuadernación*

PRIMERA EDICIÓN *enero de 2026*

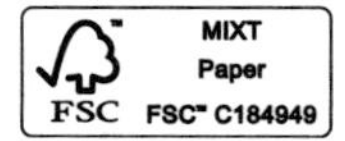

CONTENIDO

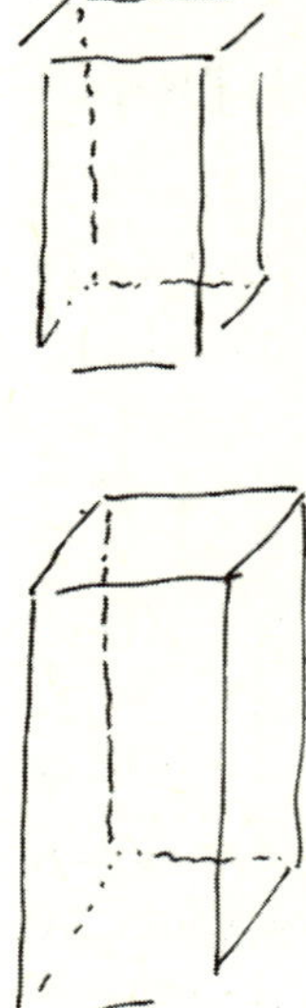

Joseph Cornell's
Boxes

—thrift-shop
dioramas—

PRÓLOGO

Joseph Cornell:
en el interior de tus cajas
mis palabras se volvieron visibles
un instante.

OCTAVIO PAZ

También el cuerpo es una caja
que alberga un corazón y está
atiborrado de ausencia.

SUSAN WOOD

No sé cuándo ni dónde vi por primera vez las cajas de Joseph Cornell: tanto el Guggenheim Museum como el MOMA incluyen varias de sus obras en las colecciones permanentes y yo visitaba esos museos, créase o no, una vez por semana, cuando me instalé en Nueva York a fines de la década de 1980. Lo que sí recuerdo es que su arte—y su figura de paseante solitario—me fascinaron en el acto con la fuerza de una idea fija.

De Cornell me atraía, sobre todo, su imaginario enraizado en el siglo XIX: su pasión por las divas y las *ballerinas*; por Novalis y Rimbaud; Berlioz y Emily Dickinson; por el *junk* urbano y los *artificialia*; los mapas y los sueños, las pompas de jabón y los juguetes, los hoteles y lo profusamente literal. Pero, sin duda, lo que más me sedujo entonces—acaso porque yo misma no cesaba de explorarla—fue su relación con la ciudad, a la que su avidez concebía como gabinete fantástico, como sitio privilegiado donde se puede, al abrigo del anonimato, ejercer la observación y el saqueo o, lo que es igual, abrirse a infinitas representaciones del mundo y, sobre todo, de uno mismo.

Se me dirá que esta idea ya está presente en Baudelaire y es verdad. Pero Cornell (1903-1972) graba otro centro. Para el mapa de sus fantasías, todo lo que vale la pena buscar se circunscribe a un radio que comienza y termina en Times Square. Manhattan es la máquina de imágenes que su obsesión, concisa, rastrea: el universo que se le ofrece en miniatura, con la generosidad de un laberinto, y cuyas innumerables puertas, visibles y ocultas a la vez, hacen pensar en el hermoso palacio de la divinidad de los cabalistas y en la *catastrophe féerique* que imaginó Le Corbusier.

Manhattan, quiero decir, fue la patria de su imaginación. Allí concebía sus cajas, las armaba peripatéticamente como teatros poéticos donde quedarse a vivir. Allí vagaba sin rumbo, dejándose llevar, extraviándose en las librerías de viejo, los revoltijos de la calle 14, los mercados de pulgas, como si fuera un detective abocado a lo insoluble.

Contra lo que suele pensarse, sin embargo, Cornell no fue un surrealista, sino más bien un excéntrico. Alguien que, aturdido por los dolores de cabeza y el insomnio, salía cada mañana de su casa en la avenida Utopia (Queens)—donde siempre vivió, con su madre y un hermano paralítico—a buscar «cosas» que le permitieran, más tarde, catalogar lo insólito. A veces, también, lo que encontraba eran films—en general clase B o caseros—que luego intervenía, mediante las técnicas del injerto y el collage, con la intención de volverlos, como las cajas, una *veduta*, una memorabilia del sentimiento. Con el tiempo, ese interés se amplió y llegó a trabajar—ya que odiaba usar la cámara—con varios cineastas de la vanguardia experimental neoyorquina (Stan Brakhage o Rudy Burckhardt, por ejemplo) a quienes daba indicaciones precisas sobre qué y cómo filmar.

Como fuere, ni los cortos en colaboración ni sus propios montajes se muestran a menudo en Nueva York. Yo misma tardé más de una década en descubrir ese tesoro. (La ocasión: una retrospectiva que organizó el Anthology Film Archives). ¿Tengo que decir que quedé flechada por segunda vez? ¿Que sus films me parecieron un festival de la infancia muerta? ¿Un repertorio de alegrías tristes para seres desahuciados?

Si de mi largo y secreto diálogo con las cajas de Cornell dejé huellas en *Museo negro* y en *Pequeño mundo ilustrado* (también en mi traducción del libro *Totemismo y otros poemas* que el poeta Charles Simic le dedicó), el texto que el lector tiene ahora entre las manos quiere ser el registro de mi confrontación con su cine, más específicamente, con una imagen de ese cine: la de una nena que pasa desnuda, montada sobre un corcel blanco, con el pelo que la cubre, como si fuera una versión diminuta—y perturbadora—de Lady Godiva. (La imagen pertenece a su film *Children's Trilogy*).

El arte—pareciera sugerir Cornell—siempre lee un libro interior que habla de la ciudad del alma. En esa ciudad hay cosas de lo más curiosas: magias de circo, fiestas de Halloween, travesuras, parques cubiertos de nieve, palomas sobre estatuas ecuestres, y hasta bustos de Mozart que observan todo desde una vidriera en Mulberry Street. Hay también, en ciertas conjunciones o geografías temporales, una luz secreta que hace coincidir la maravilla con el laberinto que la esconde. Entonces el libro se cierra, la ciudad sueña, el centro desaparece. Queda el mundo, esa visión inasible, aterradora, y magnífica.

MARÍA NEGRONI

e

l e

g í a

j

o

s

e

p

h

c

o

r

n

e

l

l

el•e•gy \'e-lə-jē\ *n, pl* **-gies** [L *elegia* poem in elegiac couplets, fr. Gk *elegeia, elegeion,* fr. *elegos* song of mourning] (1501) **1 :** a poem in elegiac couplets **2 a :** a song or poem expressing sorrow or lamentation esp. for one who is dead **b :** something (as a speech) resembling such a song or poem **3 a :** a pensive or reflective poem that is usu. nostalgic or melancholy **b :** a short pensive musical composition

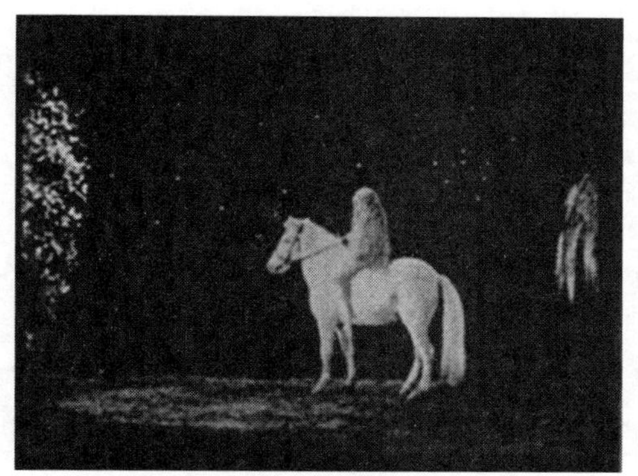

Joseph Cornell, *Children's Party.*

Hace falta mucha infancia. Hacen falta días y días de aliteración del misterio, y también noches y noches sin más movimiento que la falsa calma de los relojes. Pasa una nena desnuda en un corcel blanco. La espía un pequeño príncipe, vestido de espantapájaros. Todo alimenta al vacío. La vida estudia un poema sobre la vida, un poco indecente.

«COTILLION» (1940)

Los chicos son versiones falaces, relatos inconclusos. Están en una fiesta, en un comedor de los años cincuenta, rodeados de globos, cornetas, serpentinas, a punto de pescar con los dientes una manzana que flota en un fuentón de lata, de quedarse dormidos, de tomar un refresco, de ponerle la cola al gato. Gestos un poco desprolijos. Un niño siempre trae su cuota de mundo al mundo para que la realidad sea. Uno podría tener miedo. De sus zoquetes blancos, de su vitalidad un poco cruel. Joseph Cornell trabaja ahí, en ese límite, cuando la manzana se le escapa de la boca al chico para que pueda seguir jugando. Toda la vida el mismo movimiento: atrapar, perder, atrapar, perder. El niño: cazador solitario. Su corazón lo elude y, en esa ausencia, se confabula el destino, se ilumina lo inmenso.

λλλλλ λλλλλλ
λλλ λλλλλ λλλλλ λλλλλ
λλλλλ λλλλλ λλλλλ λλλλλ λλλλλ
λλλλλ λλλλλ λλλλλ λλλλλ λλλλλ
λλλλλ λλλλλ λλλλλ
λλλλλλλλλλ λλλλλ
λλλλλ
λλλλλ

Hacia una poética muda: pensar es adivinar. No sé si podré, de ese modo, encontrar una idea futura, pero lo intentaré. Lo importante, ahora, es cuidar el vacío (ninguna pasión, ningún plan de viaje, ningún apego a cosa concreta), mezclar lo ruin, lo erótico y lo culto, y hallar una forma que estribe en la ausencia de forma. ¿Será posible? Ah, cómo quisiera ser yo mismo un arabesco de humo con su alto desorden, su hervidero de dioses, su taller abierto a la incoherencia, como el estado después de la muerte.

«AVIARY» (1955)

Ocurre en Union Square. Es—casi—invierno. La cámara vuela, como los pájaros. Como las palomas, cuando no comen, cuando no se apoyan en la cabeza de las estatuas.

Union Square era, en los años cincuenta, un muestrario—igual que hoy—de cosas raras. Un enano atraviesa el parque vestido de traje, un chico lee poemas que nadie escribió, una joven espera que alguien la ame o, tal vez, lo que es igual, que le ponga en las manos su propio nombre. La cámara de Cornell vuela, escribe con letras blancas la biografía del cielo. Se cargan de umbral las imágenes. Se enciende un libro sin páginas.

> >

>

>

> >

>

> > >

> >

> >

> > > >

> > >

> > >

El suyo es un arte de la añoranza: prefería el boleto al viaje, la postal al lugar, el fragmento a la totalidad.

ADAM GOPNIK, *The New Yorker*

Sus cajas nunca fueron juegos
sino actos filosóficos de primer orden.

LOUIS ARAGON

Un arte de gourmet,
en un hombre que sólo comía comida chatarra.

ROBERT MOTHERWELL

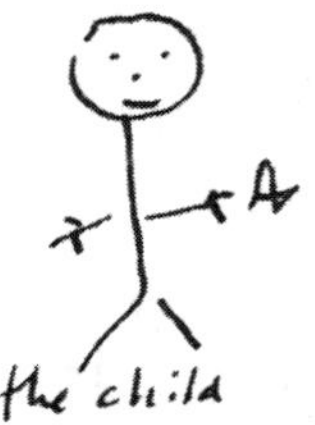

La nena que pasa desnuda en el corcel blanco habría dejado insomne a Lewis Carroll. Atrás, titila un castillo de cuento de hadas. Todo comparte la misma gracia: la luna que mira a un costado, la medianoche en su fiesta, el yo y su desfile de sombras. La niña baja los ojos, busca con vehemencia el pozo de lo invisible. Cuando llegue al castillo, abrirá la puerta un conejo blanco.

WONDERLUST

El azar objetivo, en Cornell, no alcanza.

Es preciso encapsular el secreto, rodearlo de silencio, cristalizarlo en un relicario.

Es preciso también que el relámpago—el *coup de foudre* barroco y surrealista—invente su mansión privada, íntima, donde el objeto hallado reverbere en su propia red de constelaciones.

En la caja se comparte la pasión del sueño.

También se ponen en marcha las codicias de un mago, su credo que dice:

El más alto teatro del mundo, soy yo.

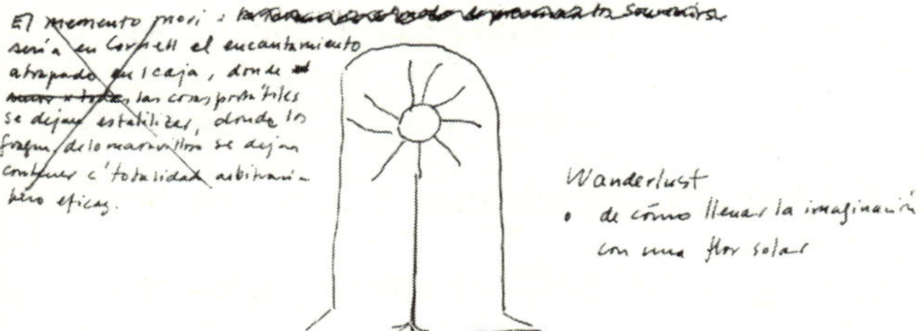

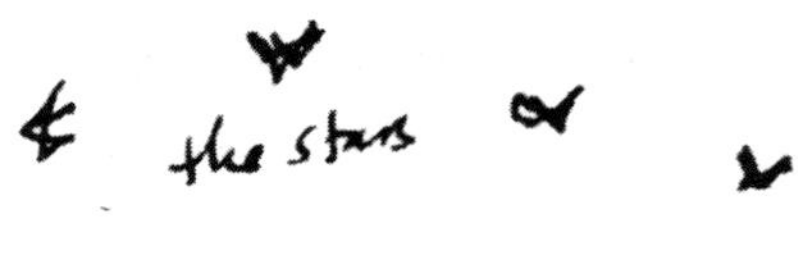

Existe un muro. Y atrás del muro estrellas, ocultas atrás de las estrellas. O tal vez eran fuegos, altos ecos visuales en dirección a la ceniza. Quién sabe: la distancia encandila, como encandilan los himnos de Novalis. Todo ocurre a la vez, incluso el cielo, el bajísimo cielo en el que ardemos, con un pie en la eternidad y otro en el barro. El hecho es que hay un muro y estrellas reales detrás de las estrellas. ¿Qué más es el amor? Pasa una niña desnuda, blandiendo un secreto claro.

APUNTES PARA UNA BIOGRAFÍA MÍNIMA

I

El hombre amaba perderse en la ciudad en que vivía. Había nacido en un caracol que alguien abandonó en un hotel a las trece horas trece minutos de un corazón azul. Se sabe que la madre amaba el piano, que el padre fue vendedor de telas, que en la casa había varios chicos, uno de ellos paralítico, y que todos jugaban en la Avenida Utopia. Eran juegos terrestres con pretensión de plegaria—como todos los juegos—y los niños los proferían como si fueran magos o trapecistas o amaestradores de pulgas en el circo fabuloso de su edad. Ahora los chicos habían crecido y el hombre trabajaba en el sótano. Se había rodeado de metonimias de su propio cuerpo y con ellas armaba cajitas que contenían el mundo que, como se sabe, contiene todo, incluso los chicos tullidos. La ciudad, mientras tanto, existía, ni más ni menos que él. A veces le subía la fiebre y esos días eran fabulosos porque las calles se llenaban de objetos cada vez más efímeros (más imprescindibles) y el hombre salía, enfundado en su propio asombro, como si fuera un lenguaje o una luna cualquiera. En su cabeza, nada se había movido. Aún la madre hacía pasteles, el jardín se atestaba de ositos de trapo y el sótano ardía como la silla de ruedas cada vez que el hermano pedía una estrella o cualquier otra cosa, igualmente imposible y maravillosa.

homebody 1. Persona que prefiere la introspección a la acción y por eso vive en un castillo de sueños diurnos. 2. Alguien que hace de lo inconseguible su pasión más pura, no porque lo inconseguible le impida tener una vida emocional real, sino, precisamente, porque se la alimenta. 3. En arte, alguien que no pertenece a ninguna facción, que detesta las clasificaciones, que considera una cárcel cualquier posicionamiento: algo así como un jugador desmarcado. 3. (fam.) Suerte de genio autista, abocado a desaprender.

CHAMBRE INTIME

una pequeña

amazona

en

un

forbidden

planet

«CHILDREN'S CORNER: JACK'S DREAM» (1930)

Seis minutos de *stop motion film* para evocar el sueño del perrito Jack: un dragón—con fosas nasales que exhalan un humo descomunal—persigue a una princesa en un retablo de madera azul. Ella se esconde tras el telón, ensaya triquiñuelas para desorientarlo y finalmente se disimula en su propio ser (donde el dragón no la ve).

La fantasía es minuciosa y aumenta con las viñetas que Cornell intercala para cortar el relato: una fragata se hunde, otra se enfrenta a un barco de piratas, hay una danza aérea en el fondo del mar, varios caballitos que danzan al ritmo de Debussy. Ahora sí. Ahora no. El perro sueña que sueña. El azar es una visita guiada y Cornell lo sabe. Colorín colorado.

Yo fui antes que vos—dijo la niña—y existiré todavía cuando alcances la orilla de tu cielo y seas, en vos mismo, toda una edad de oro, entrando y saliendo de los pequeños sacrificios que, sigiloso, encerraste en tus cajas. Yo pertenezco a esa estirpe de mujeres que hacen de la falta absoluta de atuendos un emblema contra el exilio de las ideas. No creo en las nenas felices ni tampoco en la inspiración del odio. Mi trayectoria es difícil pero no penosa. Busco, yo también, la gruta de cristal donde quedarme dormida hasta que me cure la muerte.

DE LAS CAJAS A LAS ENSOÑACIONES LÍRICAS EN CELULOIDE

A Cornell no le gustaba filmar. En los años cincuenta, varios cineastas (Stan Brakhage y Rudy Burckhardt, entre otros) filmaron para él y luego editaron el material siguiendo sus más estrictas instrucciones. Tanto en estos films como en los que él mismo compuso con material hallado, la sintaxis es la misma: el montaje se fractura, se incentivan los cortes, se vuelve abrupto el intertitulado, y predomina el uso de planos, letras o escenas repetidas e invertidas. El resto será improvisación (en el sentido musical) y auspicio de lo descoyuntado.

Y, sin embargo, pese a esa experimentación formal, Cornell nunca ha sido considerado más que una nota al pie de la vanguardia estadounidense en cine (donde figuran, entre otros, Peter Kubelka, Bruce Conner, Ken Jacobs, Jonas Mekas o Maya Deren).

Es cierto que su estilo lírico-documental, sus referencias al siglo XIX y, sobre todo—en sus filmscollage—la incansable conmemoración de la infancia, tienen mucho en común con la tradición romántico-victoriana. A condición de agregar que, en la fascinación cornelliana, algo se torna siempre voyeurista, perturbador, incluso perverso. La impronta estetizante, digamos, disimula mal la visible predilección por las mujeres que se vestían de hombres (Hedy Lamarr, Lauren Bacall, Marlene Dietrich, Lee Miller), y el clima de eterna *Halloween party* no alcanza a moderar la fijación con la niña, que compartió con Lewis Carroll y Mark Twain.

Bébé Marie. Baby Peggy.

Bienvenidos a los tinglados visuales de Joseph Cornell.

Pasen y vean los actos acrobáticos, los números de circo, el arsenal completo de la infancia rota. No olviden traer su sombrero para cuando sople el viento y de permanecer despiertos y dormidos durante toda la función.

APUNTES PARA UNA BIOGRAFÍA MÍNIMA

II

No se casó. No tuvo educación formal como artista. Nunca dejó su casa en Utopia Parkway.

Su fragilidad, dicen, ocultaba mal una voluntad de hierro.

En un día normal, desayunaba *donuts* con manteca de cacao y dulce de durazno, almorzaba un sándwich de *liverwurst* y budín de caramelo, y por la tarde tomaba té, mucho té, casi siempre helado y comía todo tipo de tortas, golosinas y chocolates. Antes de acostarse, agregaba a la dieta varias porciones de pastel de ciruela con crema chantilly.

La desnudez es un fruto abierto. Tal vez si un dios sostuviera a la niña ante un fuego, podría quemarle la mortalidad. Pero en este paisaje no hay dioses. Hay un castillo donde germinan las fiestas, la batalla, la noche de alas negras y la doble puerta de la visión interior. No es poco. La niña avanza. El pelo que la cubre la exime por ahora del más arduo deber divino: hacer el amor. Pero la cacería amorosa, con sus lunaciones, sus ciclos de sangre, su encantamiento y su precio, ya la persigue. El vientre de la oscuridad, sin hacer ruido, le va detrás. La muerte no arroja sombra.

THE DUCHAMP DOSSIER

Se trata de una caja de cartón donde Joseph Cornell fue acumulando, por años, pequeños souvenirs de su amistad con Duchamp. La caja contiene ciento diecisiete ítems del más variado calibre: una tabaquera vacía del artista francés, dos limpiadores de su famosa pipa blanca, una servilleta de Horn & Hardart (uno de esos *automats* que hicieron furor en los años treinta y donde seguramente se reunían), cartas, fotografías, postales de la *Mona Lisa*, varias notas amarillentas con anotaciones de su puño y letra, anuncios de galerías y hasta recibos de tintorería que revelan la insólita costumbre de Duchamp de mandar todo a la tintorería, incluso las medias y los pañuelos.

La caja fue exhibida por primera vez en el año 1998, en ocasión de la muestra *Joseph Cornell/ Marcel Duchamp: In Resonance*, realizada en el Museo de Arte de Filadelfia.

Nadie se puede explicar cómo Cornell se las ingenió para hacerse de tales «mementos».

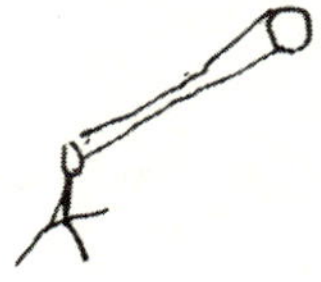

PEQUEÑOS SANTUARIOS

Tradicionalmente asociada al reino femenino de la curiosidad, la manía de coleccionar toma, en Cornell, la forma de un Museo Romántico. Es cierto que otros artistas—antes y después que él—también utilizaron cajas (Robert Rauschenberg [*Scatole Personali*], Andy Warhol [*Ice Boxes*] y Bertolt Brecht [*Cabinets*], por ejemplo), pero las suyas van, si se quiere, más allá del altar privado, inaugurando un ciclo laberíntico que deja vagar lo imaginario, en su versión más serial.

Cornell, además, organizaba el material mismo en cajas, con lo cual sus cajas «visibles» constituyen, apenas, la punta de un iceberg. A su muerte, prolijamente catalogadas, se encontraron miles en el sótano donde trabajaba. He aquí, a título de muestra, algunos rótulos:

Ciencia y naturaleza: Gigantes del mar, Nidos de

pez, Zoológico de Manhattan, Tormentas de nieve, Monarcas del aire, Hormigas e insectos, Abejas, Ruiseñores, Poder de las nubes, Rayos solares, Luz de luna, Vida íntima de los pájaros, Arcoíris.

Noticieros, documentales, viajes: Vistas del mundo, Magnífica Venecia, Coronación de la reina Isabel, Islas del Índico Oriental, Niños españoles, La bella Nápoles, Wall Street, Java pintoresca, Roma cae frente a los aliados, El dorado Oeste, Memorias de nuestro pasado, Erupción del Vesubio.

Películas cómicas: Chicos en el agua, Limpieza de chimeneas, Ilusiones extraordinarias, Un descubrimiento curioso, El caballero de la magia negra, Un milagro en Navidad, y varios films franceses de la época de Lumière, Méliès y Feuillade.

Dibujos animados e historietas: El extraño sueño de Mickey, Krazy Kat, Little Nemo en el País del Sueño.

Comedias y melodramas: El viejo perro del mar, Bombas y novias, El amor es rubio, Amor y balas, Recién pintado, Una pesadilla árabe, Coney Island, La trompada de Cupido, Laurel y Hardy en un rascacielos, El precio que ella pagó, El hombre de piedra, El gran robo en el tren, Un detective y la vuelta al mundo, La marea del destino, Dos hombres y una mujer.

Sigue una lista interminable que podría agruparse bajo el título genérico (y exacto) de: «Chucherías y bobadas encontradas en la tienda Woolworth».

Au revoir, affectueusement
Marcel

Desnuda fui testigo de múltiples visiones. Las palabras llegaban a mí como si existieran por primera vez, subidas al ejército del verbo ser. *Sum, fui, esse.* Yo era una calle larga y desconocida, llena de apocalipsis, que veía el primer grado de las cosas con ojos de insecto. Todo era más bien enorme. Una persona, un país, una vida me parecían una excusa para mirar el fondo clarísimo del cielo. Fui Godiva, Isolda, Melisenda. Parada en un barco, un bosque, una torre, atravesé la muerte bebiéndome la noche. No conozco otro filtro. No sé de otra esperanza para las jóvenes dormidas en cajas de cristal.

APUNTES PARA UNA BIOGRAFÍA MÍNIMA

III

De la ciudad, amaba todo pero sus áreas preferidas eran las que tenían tiendas de segunda mano y negocios de baratijas: la calle 14, Times Square, Little Italy, la Segunda y Tercera avenidas en el bajo Manhattan y, por supuesto, el Village.

A la vez *flâneur* y recluso, trabajaba de noche, hasta muy tarde, en sus dioramas ensoñados donde mezclaba sus hallazgos con los ecos de sus lecturas. No exagero si digo que John Donne, Baudelaire, Dickinson, Nerval, Apollinaire, Rimbaud, Mallarmé y Proust son tan importantes en sus cajas como las bagatelas que traía de la calle.

Tenía la mala costumbre de hablar horas por teléfono. Sus conversaciones, que eran más bien monólogos, ahuyentaron a muchos amigos.

Su diario registra, en los años sesenta, la lectura de *Ficciones* de Jorge Luis Borges.

BANDE À PART

«MULBERRY STREET» (1967)

Casi siempre solos, en las veredas sucias, con sus gorritos de lana, sus botas de goma, sus yoyós, sus aros de hula-hula, los chicos juegan a la rayuela, saltan a la soga, comen un chupetín, van y vienen entre adultos que pasan sin verlos. Parece que va a llover. La ciudad se oscurece, se vuelve más irreal, sobre todo en la calle Mulberry del Lower East Side. Joseph Cornell filma la escena contra un fondo de conventillos donde se apiñan, desde siempre, los inmigrantes y la pobreza lucha consigo misma. Mozart contempla a los niños desde un pedestal. Mejor dicho, el busto de Mozart que ocupa el centro de una vidriera atiborrada de angelitos de yeso y otras cosas de mal gusto. Nada más ocurre. Ya es un milagro que alguien repare en ellos, que haga de ellos un significante abierto a cosas que no sabremos.

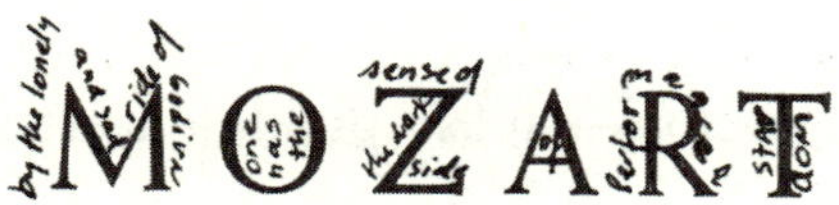

Sonate

C-Dur / Ut majeur / C major

KV 309

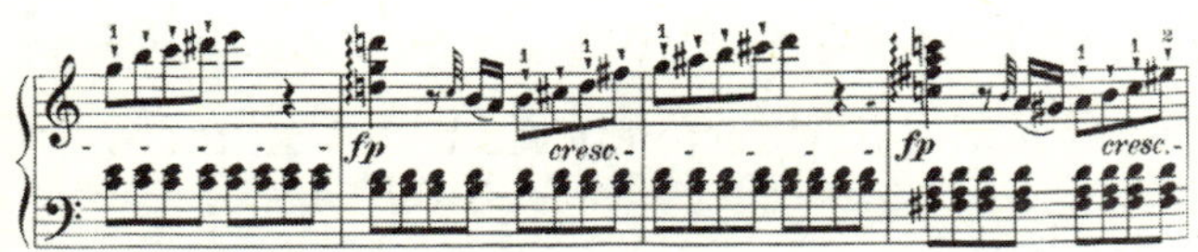

Esa noche, como todas las noches, la niña soñó que había nacido huérfana y que esa condición—si así puede llamársele—la empujaba a un mundo adentro del mundo que se parecía a un hermoso circo, lleno de domadores de tigres, contorsionistas, lanzadores de fuego. A ella le había tocado la Muerte-en-Vida. Su número consistía en balancearse sobre una cuerda, pero ella se enredaba en el pelo e indefectiblemente daba un salto mortal a lo imposible. La caída se repetía tres veces, sin motivo aparente y, lo que es peor, sin destinatario. El amor es un arte antiguo, imposible, feroz.

PÂLE

CÉLESTE

BLEU

LE

ATTAQUÉ

ONT

ABEILLES

LES

LA ECUACIÓN SIMBÓLICA

Borges contó varias veces la escena en que Harald Hardrada, el rey vikingo de Noruega, acompañado por el duque de Tostig, hermano y enemigo del rey inglés Harold Godwinson, recibe en su campamento, el día antes de la batalla, a alguien que se dice emisario del rey. Lo que sigue es un baile de sombras. Para evitar la batalla, el supuesto emisario ofrece a Tostig la mitad del reino y, a su aliado noruego, siete pies de tierra. Tostig, que ha reconocido a su hermano, rechaza la infamia y la batalla tiene lugar, permitiendo a Harald Hardrada el honor de morir peleando.

Corre por entonces el año 1066.

No lejos de ahí, en los condados de Coventry, Godgifu intercede ante su marido—el duque Leofric—para que no aumente los impuestos de sus ya expoliados súbditos. El marido contesta con un desafío. Accederá, dice, a condición de que ella cabalgue desnuda por las calles del pueblo. Y así, una mañana, Godiva—*Good Eve*—, Amatrix de la Virgen, Benefactora de los Desamparados, avanza por el empedrado, en medio de un silencio atroz (el rey ha ordenado desalojar las calles), cubierta sólo por su cabello, como una amazona dormida. Y, sin que nada lo anuncie, sin más testigos que el primer *voyeur* de la historia—el curioso *Peeping Tom*—, entre caballo y cabello, una erótica cunde, incentivando el goce, la tolerancia y lo indócil de la libertad. Ese paseo es uno de los ejercicios más lúcidos de la fantasía humana. Es también una invitación al viaje y una plegaria profana a favor del deseo.

L A L A L A L A L A L A L A L A L A L A L A
A V A V A V A V A V A V A V A V A V A V A V
D I D I D I D I D I D I D I D I D I D I D I D
Y D Y D Y D Y D Y D Y D Y D Y D Y D Y D Y
G O G O G O G O G O G O G O G O G O G O
O G O G O G O G O G O G O G O G O G O G
D Y D Y D Y D Y D Y D Y D Y D Y D Y D Y D Y
I D I D I D I D I D I D I D I D I D I D I D I D
V A V A V A V A V A V A V A V A V A V A V A
A L A L A L A L A L A L A L A L A L A L A

«VAUDEVILLES DE-LUXE»
(*circa* 1940)

Nueva York, París, Roma, la interesante Suecia, un país llamado Marken, junglas, mercados, vistas del Extremo Oriente: algo así como panoramas filmados para entretenimiento de los turistas (reales e ilusorios) que somos. También aquí los niños son privilegiados, incluso cuando trabajan, recogiendo frutos o fardos. Son como el guante que suprime—por un instante—la herida, porque la encandila. Estas vistas son implausibles, desconocen las reglas de causa y efecto, tiempo y espacio. Hay lagartos, vistas de la piazza Navona, buquinistas del Sena, zafras caribeñas, arrozales, botes cargados de viajeros que avanzan por un río tambaleándose, tranvías velocísimos como si estuviéramos de pronto adentro de la película vertiginosa de Dziga Vertov (*Man with a Movie Camera*, 1929). A veces, las imágenes retroceden o están cabeza abajo. ¿Es una fábrica? ¿Una foto aérea de la Torre Eiffel? ¿La punta de Manhattan? Los collages fílmicos de Joseph Cornell, escribió Jonas Mekas, son las catedrales invisibles del siglo XX.*

* Un año antes de su muerte (1971), Joseph Cornell donó al Anthology Film Archives (y a Jonas Mekas, su director) su colección completa de material fílmico. Al menos ciento cincuenta de esas películas pertenecen a la época del cine mudo. Mekas, dicho sea de paso, fue el primero en mostrar los cortos de Cornell en público.

el la Miss

niño actriz

Emily Dickinson

fée *fata* hadas

f a t u m

«TEATRO DE HANS CHRISTIAN ANDERSEN» (1945)

Había una vez una pequeña caja que un zapatero guardaba en el fondo de su taller. La caja estaba llena de mantos de terciopelo para que el Rey, la Reina y las Hadas—sus más preciados títeres—se cubrieran con ellos cuando los ponía a representar, sobre un teatrito casero, las obras de la imaginación del niño que él mismo había sido.

Escena 1

Preludio. Colores de linterna mágica. Cuando termina la fanfarria de *Rosemunde* de Franz Schubert, se abre el telón.

Escena 2

Allegro de Ravel para cuerdas. Luz matinal. Timbelina forcejea con un escarabajo gigante pero es salvada por una mariposa que se la lleva aguas abajo navegando sobre una hoja.

Escena 3

Primer plano de la Señora Noche. En la fronda oscura de ese enigma, un ruiseñor popular se deshace en canto. Del canto nace una flor empapada de luna: una *Wunderblume.*

Escena 4

Se escucha *El festín de la araña* de Albert Roussel. Un soldadito de plomo mira cómo una bailarina de tutú blanco se acerca a él y lo toca. Cuando el reloj de la torre dé las 12, la bailarina y el soldadito de plomo harán un *pas de deux* un poco pecaminoso.

Escena 5

De una caja de lata, salen de pronto varios juguetes: reyes a caballo, una niña de fósforo, cigüeñas que vuelan llevando a bordo a una princesa, varios ratones a cuerda, una sirenita naciendo como una Venus de una concha marina, y se ponen en movimiento recordando la magia del cine de Méliès.

Lamentablemente, por la derecha, aparece Eos, la de los pies rosados, y estornuda. De su nariz sale un polvito invisible que inmoviliza a los personajes en un GRAND FINALE.

lluvia de estrellas
estrellas en el cielo
estrellas de circo
niños estrellas
estrellas de cine
luz de estrellas
estrellitas

****

***

**

*

Imagen - Versión 9.
Una lluvia de estrellas

estrellas en el cielo
estrellas de circo
niños estrellas
estrellas de cine
luz de estrellas
estrellitas

«CLOCHES À TRAVERS LES FEUILLES» (1957)

En este festival de la infancia triste, lo efímero canta su canción de blanco. El parque se ilumina hacia arriba donde apenas vive todo: las palomas, las hojas, los círculos de luz, el silencio que no miramos, más acá y más allá de las estrellas. Estamos, otra vez, en un parque. Un parque inconfundible de Manhattan, rodeado de rascacielos, humanamente vacío. Joseph Cornell mira, da instrucciones precisas a Rudy Burckhardt (que, en este caso, es quien filma), escribe, con su alfabeto ciego, imágenes rotas que duran—exactamente—lo que dura la pieza para piano de Debussy que hará de banda sonora. Algo vuela en el corazón del miedo y eso alcanza. Krazy Kat saca a pasear al ratón que ama—aunque lo maltrate—en una silla de ruedas.

En el principio, la diosa de todas las cosas surgió desnuda del Caos. Fue cortejada por el viento y puso un huevo de plata del que salió el universo. Conocida como Vagar sin Límites o Brillante Madre de Nada, se la adoraba como Luna Visible en sus tres fases: como doncella o niña, como ninfa lasciva, como vieja oracular. Así, la niña sobre el corcel blanco puede ser Isis o Ishtar o Ifigenia o incluso Helena de los Árboles o la *petite Héloïse*, cuando todavía no era núbil. Quién sabe, también, si no es la rubia Andrómeda, la infantil Casiopea o cualquier otra de las Pléyades sin pecho que los dioses colocaron en el cielo como juguete musical.

TALLERES DEL PORVENIR

Los había en cantidad por esos años, sobre todo en Nueva York, en las calles aledañas a Times Square.

Suerte de pequeñas ferias, contenían los más variados juegos: máquinas tragamonedas, *flippers*, sustos de cinco centavos (*Penny Dreadfuls*), galerías de tiro, *punching-balls*, ruedas de la fortuna y, sobre todo, kinetoscopios. Estos últimos se accionaban introduciendo una moneda y ofrecían espectáculos en miniatura, breves narrativas de aproximadamente sesenta segundos que brindaban al espectador los más insólitos entretenimientos.

A Joseph Cornell le fascinaban estos juguetes ópticos donde lo trascendental y lo inmutable se le aparecían en medio del lugar común, lo que normalmente no vemos porque es trivial o meramente ordinario.

Ciertos individuos, escribió Charles Simic, experimentan la soledad y la infelicidad como una suerte de poesía.

THE ART OF LOSING ISN'T HARD TO MASTER

Esa noche, Joseph Cornell dejó de trabajar temprano. Se lo veía insatisfecho, como si se le escapara algo esencial. Algo le decía que la niña sobre el corcel blanco, a pesar de su expresión plácida o triste, estaba huyendo. Pero ¿de qué? No de los hombres injustos. Sería poco interesante, pensó. Tampoco podía ser de las preguntas que él le formulaba como artista, ya que él mismo las desconocía. Esa noche, rezó como pudo y en el idioma que pudo, una plegaria que extrañamente pedía lo que él necesitaba, no lo que quería.

Our Lady of the Sphere—dijo—, Cetro de la Noche, Diosa de los Otoños del Mundo, nunca me otorgues el arte del augurio. (Prefiero el encantamiento de lo que no entiendo).

Déjame tolerar la incertidumbre, convivir con mis cajas de madera y de vidrio, que son trampas para asir las cosas (como los poemas).

No permitas que nadie despoje a la niña de ese

aire despeinado de sueño, esa mirada de expatriada del mundo. Antes y fuera de la ley, consérvala así, incluso, sobre todo, para mí.

«GNIR REDNOW» (1955)
(«WONDER RING»)

A Cornell la visión del tren L, que filmó Stan Brakhage por encargo suyo, no le gustó. Por eso, tomó el material, dio vuelta la ciudad, puso el tren cabeza abajo, y proyectó todo de atrás para adelante, sin olvidarse de invertir las letras del título. El resultado es un *rewind* alucinado, una sinfonía en rojo, un acertijo que la ciudad muestra con descaro para esconderse mejor.

T h e E n d i s t h e B e g i n n i n g.

.G n i n n i g e b e h t s i d n E e h T

POR UN CINE MENOR

Nunca sabremos si es verdad. Los amigos y críticos contaron la historia así: como por entonces no había televisión, Joseph Cornell solía volver del trabajo con rollos de viejos films en 16 mm que encontraba en negocios viejos de la ciudad. Esos días, había en la casa sesiones privadas de cine: Cornell ponía en marcha el proyector, y él y su hermano inválido miraban juntos el material. Entre esas películas, casi siempre de clase B, una en particular los sedujo. Se llamaba *East of Borneo*, y había sido dirigida en la década de 1930 por un insigne desconocido. La miraron mil veces hasta que se aburrieron. Entonces Joseph bajó al sótano, cortó la copia y recompaginó las escenas, dándoles otro orden menos previsible, con lo cual quedaron satisfechos por un tiempo. El procedimiento se repitió varias veces (cada vez que se aburrían) y, así, el film que conocemos hoy—y que Stan Brakhage ha descrito como uno de los grandes poemas fílmicos de todos los tiempos—sería el producto de un vaivén entre la diversión y el aburrimiento, la alegría y la decepción. Un juego, al fin y al cabo, como todas las obras de arte. Un meticuloso juego de ajedrez contra la Dama Negra que vuelve a pararse, una y otra vez, sobre el casillero blanco.

G O D I V A

G O D D I V A

G O O D E V E

G O D G Y F U

G O D G I F N

G O D I V A

R E G A L O

D E L O S

D I O S E S

APUNTES PARA UNA BIOGRAFÍA MÍNIMA

IV

Como Raymond Roussel, que exploró el África sin salir de la tienda de campaña donde escribía sus *Impressions d'Afrique*, o Michel Leiris, el etnógrafo profesional que cuestionó, en *L'Afrique Fantôme*, la función del viaje como método para adquirir conocimientos, Joseph Cornell pertenece a esos viajeros fascinados por la idea del viaje inmóvil que son, ante todo, artistas consumidores de imágenes, taxonomistas de la realidad. El viaje imaginario y el viaje como imaginación se combinan, con maestría, en el eremita de Utopia Parkway.

«ROSE HOBART» (1936)

En esta versión de *Las mil y una noches*, una mujer hermosa cuenta la historia de otra mujer hermosa que cuenta la historia de otra mujer hermosa en un harem pseudoárabe. Hay mercaderes, quizá, un revólver cargado, cocodrilos y hasta un volcán en erupción que coincide con una escena erótica que no se ve. La mujer puede ser una cazadora embozada (tiene un sombrero safari); la jungla un tapiz de sus estados de ánimo.

Final del verano entre almohadones mullidos y las formas de la medialuna. Suenan marimbas, las palmeras silban, el volcán y su música desquiciada. La banda de sonido exacerba la desconexión con lo visto. Hermosa como la luna, la mujer flirtea consigo misma y, a veces, con un monito al que acaricia como si fuera un monito.

Primer plano de hombre con turbante, un sultán o visir conocedor de placeres oníricos, de sueños más insuficientes que arbitrarios. La mujer intocable como la brisa, más insegura que la pistola escondida y su vestido blanco contra los arcos y las almenas moriscas que duplican la imposibilidad de una historia, de toda historia.

Al fin y al cabo, la muerte es, como siempre, la vida.

Sélavy.

Un cartel dice: *East of Borneo.*

El film, una especie de gótico neurótico, iba a llamarse *Tristes Tropiques*, en honor a Lévi-Strauss que odiaba viajar.

Fue el primer collage de Joseph Cornell, que, mediante un proceso de corte y recomposición del material, redujo a 19' el film clase B de George Melford postulando, de paso, que lo esencial del cine es lo visual, sin la interferencia de lo narrativo.

Cuentan que Dalí—que estaba en la galería de Julien Levy cuando se estrenó la película—tuvo un ataque de envidia.

Himno la Otro

Un a de

Azul Noche Mundo

«MIDNIGHT PARTY» (1940)

Un mundo de *freaks*, saltimbanquis, focas amaestradas que tocan el banjo o hacen girar pelotas playeras sobre la trompa, indios que lanzan cuchillos con los ojos vendados a una supuesta cautiva, magos, cada uno a su tiempo y también a destiempo, bailarinas—de ballet y de cancán—, pero se privilegian las zapatillas en punta, los tutús, los tules y las gasas, las tiaras, el brillo melodramático de las pasamanerías y los canesús. También los rizos importan. Las carteritas. Los zapatitos que aprietan cuando se hace equilibrio sobre la nada.

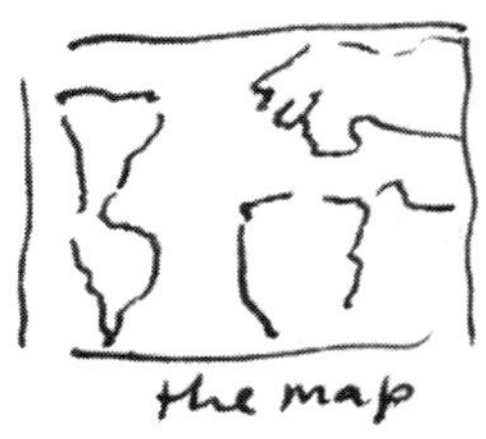

Cuando regrese al castillo del que provengo, escribiré un nocturno con un *clair de lune* y lo llamaré *Mi astronomía poética.* Allí pondré la excitación de la noche, tal como fue registrada por siglos, con sus sacerdotisas, sus crímenes, sus aguas que cruzan los bordes del mundo y desaparecen en la nada. Esto ha sido mi vida. Un paseo por lo intransitado para, al final, esconderme en la música de las palabras y seguir siendo inalcanzable para mí misma. Nunca conseguí llorar ni amar ni incursionar en los hechos. Todo lo que hice fue atravesar, como un temblor, imaginariamente el cielo, dejando como rastro el vívido universo.

A CHORUS LINE

Ese día, el día en que encontró a la pequeña Godiva sobre el corcel blanco, Joseph Cornell había estado vagando por horas, sin hallar nada —ningún objeto, ninguna imagen—para llevarse a casa y obedecerle luego, como a un maestro involuntario.

Y ahora, que la tiene entre las manos, ¿qué piensa?

Nada, es decir todo.

Si pudiera reducir la visión a cero, captar la emoción que produce la experiencia en ruinas, sería feliz como un gran artista fracasado.

La vida, escribió Fitzgerald, es un proceso de demolición.

En eso está.

Quién sabe, si deja de coleccionar sentimientos, puede que acceda a la pasión de lo que está por venir, es decir, al movimiento de lo que pasa entre una cosa y otra, no en cada cosa en particular. A lo mejor, le es dada alguna miniatura, algún resabio intacto de noche, para que pueda narrar la muerte.

UN COLECCIONISTA COMO CINEASTA

Como si las películas fueran hechas por y para chicos.

De ahí, la brevedad: ningún corto supera los diez minutos.

También el deleite de la repetición, el afán del detalle, la pulsión por lo microscópico y, en general, por cualquier transparencia—vidrio, ventana o vidriera—que permita exponer a la contemplación un rostro, un pájaro, un bote, una ameba.

Ahora se ve. Ahora no. Una imagen pasa, otra se tuerce o bien se invierte o se despliega de atrás para delante. Puede, es más, que se fije o se agrande como en un *close-up*, o incluso, que se congele en un cuadro. ¿A quién podría importarle? No hay jerarquías en el tiempo de la infancia. No hay reproches contra lo anárquico. Una suerte de caos alegre—un poco manchado—se impone y el resultado es un clima de *vanity fair*, donde la imaginación sale reina y el deseo hace su cueva en la habitación de lo imposible.

NUESTRO ANCESTRO ANGÉLICO

CHARLES SIMIC

Rimbaud debería haber viajado a Estados Unidos, no al lago Chad. Hoy tendría cien años y estaría hurgando en una tienda de baratijas. ¿No decía que le gustaban los cuadros tontos, los letreros, los grabados populares, los libros eróticos con faltas de ortografía, las novelas de nuestras abuelas?

Arthur, pobre niño, habrías caminado por la calle 14 y escrito muchas más «Iluminaciones».

Poesía: tres zapatos de distintos pares a la entrada de un callejón oscuro.

En la biblioteca de Joseph Cornell había más de

ocho volúmenes de cuentos y novelas de h a

n s c h r i s t i

a n a n d

e r s

e n

A veces, me da manzanas que, dice, estimulan la inspiración poética. Otras se encabrita, como si se hubiera despertado de pronto y quisiera encontrar ya mismo el mundo. Todo impacienta a mi corcel blanco: se queja de las almas rectas, de la televisión, de la cerveza, y en general, de todo aquello que conspire contra el recuerdo de tener un cuerpo. Por lo demás, es afable y bastante inteligente. Sabe que entender es erróneo, que las tinieblas que más teme están adentro suyo (no afuera) y que su tarea primordial es aprender a separar el verbo amar del de morir.

TRISTIA

En el momento en que estaba manipulando la imagen de la pequeña Godiva, Joseph Cornell pensó—tal vez—en la dañina vejez. Sus largos dedos flacos se movían, sin prisa, acostumbrados como estaban a las disciplinas del celuloide. Pero su mente estaba en otro lado. La estación, pensó, ya no es propicia para tantas cosas. ¿Por qué el deseo, en cambio, sigue intacto? Miró a su alrededor: tan sólo escombros, cantos y alcobas vedados, penas en la casa exhausta. Después, miró de nuevo la imagen. Soy todavía una música, pensó. Una porfiada elegía, capaz de captar la intriga de la calle humana. Todavía puedo, como Ovidio, escribir dísticos desiguales sobre el exilio. No es demasiado. Ni poco.

DE LA BIBLIOTECA SECRETA DE JOSEPH CORNELL

ERNST, Max, *La femme à 100 têtes*, prólogo de André Breton.

Contes de Fées, Imagerie d'Épinal, 1850.

Álbum de fotos de París, 1910.

APOLLINAIRE, Guillaume, *Le poète assassiné.*

The Complete Poems of Emily Dickinson.

PRESTON PEABODY, JOSEPHINE, *The Book of the Little Past.*

BERNARDIN DE SAINT-PIERRE, Jacques-Henri, *Paul et Virginie*, 1787.

La Science Amusante, 100 Expériences, Librairie Larousse, París, 1880.

GUEST, Ivor, *The Romantic Ballet in England.*

DILLINGHAM, Charles, *Globe Theatre*, 1880.

The Giant Golden Book of Mathematics.

Ante-Diluvian World – Organic Remains of a Former World, London, 1875.

BOYS, C. V., *Soap Bubbles*, 1902.

Les Planètes, París, 1870.

BINDER, Otto, *The Moon, Our Neighbouring World*, 1959.

Weather: A Guide to Phenomena and Forecast (301 ilustraciones a todo color).
Ebb & Flow, The Curiosities of the Sea Shore.
PIAGET, Jean, *The Language & Thought of the Child.*
PEELE, Robert, *Christian Science, its Encounters with American Culture.*
ROSS, Peter V., *Lectures on Christian Science.*
WILBUR, Sibyl, *The Life of Mary Baker Eddy.*
BAKER EDDY, Mary, *Science & Health with a Key to the Scriptures.*
LAAS, William, *Crossroads of the World. The Story of Times Square.*
HOBHOUSE, Christopher, *1851 & the Crystal Palace.*
THOREAU, Henry David, *Walden.*
PROUST, Marcel, *À la recherche du temps perdu.*
NERVAL, Gérard de, *Poèmes.*
MOORE, Marianne, *Poems.*
Coney Island Old Timers' Album & Directory (1848).
New York Hippodrome Souvenir Book.
Movies for the Millions.
The Circus.
Etcétera.

APUNTES PARA UNA BIOGRAFÍA MÍNIMA

V

Como Emily Dickinson, Joseph Cornell fue una figura fuertemente ligada al hogar. Soltero y solitario como ella, también como ella asumió la tarea de cuidar a un familiar, en este caso a su hermano inválido.

Con Marianne Moore, la poeta modernista de Brooklyn que fue su contemporánea, tuvo otros puntos en común. Se sabe que Cornell admiraba su poesía (tan parecida, en palabras de Mina Loy, a «los soliloquios de un reloj de biblioteca») y que mantuvieron correspondencia. Ambos, por lo demás, eran asiduos visitantes del Zoológico de Manhattan, y construyeron mundos de animales y aves, reales e imaginarios. Lo que es más curioso aún: los dos fueron fieles seguidores de Mary Baker Eddy, autora de libros sobre ciencia y salud, y fundadora de un culto protestante —la Iglesia del Cristo Científico—del que Cornell fue miembro activo entre 1920 y la fecha de su muerte en 1972.

Susan Sontag, Marcel Duchamp, Mark Rothko, Tennessee Williams y Robert Motherwell fueron, quizá, sus amigos más próximos.

Dicen que fui muda de nacimiento, pero no me consta. Mi alfabeto está hecho de dudas que se van apilando como rayos lunares cuya estirpe ignoro. No sé si mi nombre es Goda, la Buena; si mi cabello es una rama de hierbas de oro; si voy a quedarme desnuda para el resto de la lucha; si al momento de mi nacimiento comparecieron hadas; si alguien preparará para mí un festín amoroso y si entonces podré tolerar el hecho de poseer y no poseer al mismo tiempo. A veces me pregunto si, en realidad, no seré una muñeca animada en la imaginación de alguien. No es fácil estar viva. La fe es una pasión difícil.

RETRATO ARQUITECTÓNICO DE ARTISTA

Los hoteles son diez, como los mandamientos. Los hay 1) pensados para aumentar los deseos reprimidos; 2) especializados en masajes que estimulan la sensualidad de la mente y los juegos con el infinito; 3) dotados de estaciones galácticas, por donde circulan trencitos eléctricos; 4) organizados temáticamente, con atractivos como el Bosque de las Cuatro Estaciones o el Jardín de la Serenidad; 5) exclusivos para encuentros casuales (eufemísticamente llamados *affaires*), donde la conciencia viva de la muerte—exasperada por la distracción de la rutina—sirve de afrodisíaco; 6) abiertos a quienes no pueden soñar (pues allí pueden penetrar en los sueños de otros); 7) diseñados como cajitas musicales que consuelan de la propia muerte; 8) iluminados por linternas mágicas que, con sólo apretar un botón, proyectan el intrincado viaje de quienes somos acaso, a quienes acaso seremos; 9) adivinatorios, que ofrecen respuestas, tan erráticas como las preguntas que responden, y finalmente 10) uno que esconde, en lo más recóndito de sí, una nena desnuda que espera a ningún príncipe y, por eso, su desnudez no tiñe su inocencia ni justifica la nerviosa confusión que se genera al mirarla.

Estos hoteles podrían haber figurado en la hechizada novela *Martin Dressler*, de Steven Millhauser, o incluso en alguna página de Italo Calvino, pero su imaginación proviene del brevísimo libro de Robert Coover, *The Grand Hotels of Joseph Cornell* (Burning Deck, 2002).

Un beso un príncipe un bosque de espinos una joven dormida una maldición una rueca una sintaxis de pequeñas cosas un fetiche un poema un aire de castillos un archivo ambulante un caballo blanco un ballet ruso un *souvenir* de algún encantamiento un teatro de títeres un alhajero un *rosebud* una frágil familia de signos un tiempo perdido en el tiempo un juguete de trapo un memento un gran pájaro sabio *all works of art are sleeping beauties waiting to be kissed by the viewers' imagination.*

GRAND HOTEL DE L'UNIVERS

Hôtel du Grand Palais Grand Hôtel Couronne

Grand Hôtel Îles d'Or Hôtel Royal des Étrangers

Penny Arcade Hotel Hôtel de l'Observatoire

Hôtel de l'Étoile Cristal Cage Hotel

Grand Hôtel du Vésuve Grand Hôtel Pléyades

Grand Hôtel La Mer Hôtel Sémiramis

Ostend Hotel Hotel Eden

Andromeda Hotel Night Skies Hotel

Grand Hôtel Fontaine Poor Heart Hotel

GRAND HOTEL DE CHEZ MOI

Su trabajo es como un pequeño oasis
en el paisaje prohibido del arte surrealista.

JOHN ASHBERY

Siempre me pareció un ser lento, profundo,
impenetrable: una suerte de eternidad andante.
Algo así como un granjero atento a los procesos del
tiempo, obediente a ritmos que no son los suyos,
que no le compete conocer,
ni siquiera marcar.

JONAS MEKAS

Admiraba a los surrealistas pero no compartía
su tendencia a lo «negro».

ANDRÉ PIEYRE DE MANDIARGUES

NOW VOYAGER, SAIL THOU FORTH TO SEEK AND FIND

Whitman también vio poesía en todas partes (la ciudad de Nueva York le parecía un «caleidoscopio divino», un tesoro de poemas a exhumar).

Apollinaire se inspiraba en prospectos, catálogos, afiches publicitarios (donde veía la poesía de nuestro tiempo).

Schwitters coleccionaba fragmentos de conversaciones y recortes de diarios.

Picasso, Arp, Duchamp, Ernst, De Chirico lo practicaron.

También T. S. Eliot y Ezra Pound.

El collage es la innovación más importante del arte en el siglo XX. Al valorar lo cotidiano (en todas sus versiones, incluso la basura) y otorgar a los productos del azar el rango de objetos artísticos, logra abolir la separación entre arte y vida. También logra que la imaginación haga su juego, que se incentiven las grietas del mundo, descalabrando, una vez más, la razón a favor del deseo.

Barullo en el Norte: la noche golpeó tres veces su escudo. Entonces se hizo visible la nada y, en sus alrededores, aparecieron yelmos, espadas, diáfanas coronas de reina, es decir signos ilegibles que la niña recogía en su alforja insaciable. Esto duró un instante, pero alcanzó para que se juntaran espléndidos panoramas, acueductos, manantiales, quehaceres invisibles, flotas de estrellas con sus naufragios y algunos embelesos más. Sólo cuando llegó a la Roca de la Tristeza, la niña se detuvo. Abrió su alforja sin prisa y dijo: Todo empieza a vivir. La eternidad comienza.

ULTIMA THULE

Se me ocurre que la Nueva York de Cornell debía parecerse a la ciudad que muestra John Cassavetes en su film *Shadows* (1959).

Una improvisación de ciudad, en blanco y negro, exacerbada por las luces de neón y una música de saxo que atrae y confunde el bajo fondo, la cuestión racial y el sueño del viaje, siempre olvidado, siempre a punto de recomenzar.

Shadows es la sombra prismática con la cual Cassavetes ve lo que veía Cornell y con eso construye su vademécum propio de melancolía y desazón.

Como Cornell, Cassavetes alza un tributo negro a la ciudad fantasma.

Los dos habitan un contramundo: por él transitan con su valija astuta, su propia fiebre abierta, precisamente, a lo que no se ve (porque se ve).

Las diferencias, con todo, existen: allí donde Cassavetes postula al dinero y al sexo como ejes de las pulsaciones urbanas, Cornell elige los *nickelodeons*, las *penny-arcades*, las pianolas, los *caril-*

lons à musique y el aire general de feria y parque de diversiones.

La preferencia no es gratuita: le permite desembarazarse de la doble plaga del realismo y del surrealismo. Su ciudad es una especie de Musée Mécanique, con su aire de otro mundo que retrotrae el presente al fabuloso siglo XIX.

APUNTES PARA UNA BIOGRAFÍA MÍNIMA

VI

Entre 1932 y 1945, Joseph Cornell deja atrás su actividad de corredor textil y, tras un breve período en que se dedica a vender heladeras casa por casa, comienza a trabajar como diseñador *freelance* para revistas como *Vogue*, *House and Garden* y *Dance Index.* Por esa época, conoce a Marcel Duchamp y realiza su primera muestra individual en la galería Julien Levy. De 1933 es su guion de *Monsieur Phot*, una película concebida no para ser filmada, sino tan sólo imaginada. También de ese año es su primer film-collage, *Rose Hobart*, que continúa, por otros medios, su fascinación con las estrellas de cine, las divas de la ópera, las bailarinas de ballet y, sobre todo, las niñas o pequeñas ninfas.

O tal vez, la princesa está triste y por eso ha salido en su corcel blanco a dar una vuelta por la Floresta de las Emociones. Y en su desnudez, que el cabello cubre por completo, pareciera decir: Mi cuerpo, que vive en mi mente, no sabe quién es. O bien: Me faltó tiempo para jugar, afuera de las palabras. Después se va, oculta en ella misma, a eso que tal vez aprenda, cuando se canse del viaje a las seducciones del mundo.

EL PERRO DE PERGOLESI

Stan Brakhage ha descrito a Cornell varias veces como un amigo difícil y un artista que sabía —como nadie—ir directo al corazón del asombro.

Reconocido hoy como el más prolífico y talentoso representante del cine experimental estadounidense, Brakhage murió en Canadá a los setenta años, dejando casi cuatrocientos films, entre ellos uno que registra un parto (el de su primer hijo), que no tiene parangón en la historia del cine.

Se sabe que ambos artistas colaboraron en varios proyectos y que, un buen día, dejaron de hablarse. Stan Brakhage contó el motivo: Cornell no había podido perdonarle que ignorara quién era Pergolesi, muchísimo menos que no hubiera oído hablar de su perro.

Si yo fuera yo—dijo la niña—, si no tuviera que habitar tu mundo, con sus infinitas poses, su interminable festival de un pasado inexistente, qué fiesta íntima haría, qué búsquedas. Yo misma sería mi animal exiliado, mi música absoluta, mi libro de mí misma que no sé leer. Entonces te mostraría las cosas en su cabal declinación, incluyendo mi tradición nocturna con su esporádica dicción. ¡Qué aventura insostenible!

APUNTES PARA UNA BIOGRAFÍA MÍNIMA

VII

· Duchamp y Cornell se conocieron en 1933, pero la amistad, en realidad, recién cuajó cuando Duchamp viajó a Nueva York en 1942, como refugiado de la Segunda Guerra Mundial.

· Duchamp tenía dieciséis años más que Cornell.

· En 1923, Duchamp anunció al mundo que abandonaría para siempre el arte y se dedicaría al ajedrez.

· Antes de eso—en 1913—Duchamp había inventado el *ready-made.* Cualquier cosa, de pronto, podía volverse arte, a condición de figurar en un museo y de estar firmada por un artista.

· En 1936, Cornell concibió, por su parte, la forma de la caja que tiene, desde el inicio, la introspección de un diario íntimo.

· Apenas instalado en Nueva York, Duchamp contrató a Cornell para que lo ayudara a ensamblar uno de sus proyectos: la *Boîte-en-valise.*

· La *Boîte-en-valise* fue pensada como el accesorio ideal de un artista en estado de exilio. Adentro de esa valija había otras valijas donde se reproducían en miniatura los trabajos claves de Duchamp.

· Cornell aplicó el concepto del *ready-made* a sus films. Lo importante no era filmar, sino «encontrar» y después intervenir, manipular el material.

· 1980: Primera muestra individual de Joseph Cornell en Manhattan.

Más allá de las diferencias, los dos hicieron una virtud del desparpajo y los márgenes, cuestionaron la noción misma de arte y otorgaron *glamour* a objetos considerados no artísticos, mucho antes de que el arte se volviera pop.

Hexaedros de madera y de vidrio
Apenas más grandes que una caja de zapatos.
En ellos caben la noche y sus lámparas.

OCTAVIO PAZ, «Objetos y apariciones»

un rosebud de asombros
un canasto de dones
buscar en cada rellano
sin forzar el aliento
en la grisácea luz
paso por paso
subir el campanario

STANLEY KUNITZ, «La jaula de cristal»

DE LA MUSIQUE AVANT TOUTE CHOSE

(ALGUNOS DISCOS DE CORNELL QUE SE ENCONTRARON EN SU ESTUDIO, AL MOMENTO DE SU MUERTE)

A Field Guide to Bird Songs
The World's Rarest Music Boxes in High Fidelity
Jean Louis Barrault, *Readings of Baudelaire & Rimbaud*
Mendelssohn, *Music for a Midsummer Night's Dream*
Mozart, *Piano Concerto in* KV454
Beethoven, *Symphony 1 in* C *Major*
Schubert, *Impromptus*
Three Great Tchaikovsky Ballets: Sleeping Beauty, Swan Lake, The Nutcracker
Chopin, *Ballades*
Hayden, *Piano Sonatas*
Debussy, *The Complete Works for Piano*
Robert Frost, reading his own poems
Von Weber, *Preciosa*
Americana, for solo winds

La primera vez que morí fue sin testigos: el ángel con el que peleaba era yo misma. La segunda, tuve que aprender a hablar tu silencio pero no logré construir un objeto sin orden ni desorden, ni un rostro propio ni impropio. La tercera, me subí a la travesía de tus cajas y me lancé por tus coreografías al Sur y al Norte del futuro, sin saber que las fronteras no existen y toda fuga es ilusoria. Nadie está libre de estas postergaciones. La próxima vez, te desertaré sobre la boca.

UNA APORÍA PARA JOSEPH CORNELL

RICHARD HOWARD

Todo vestíbulo de edificio es una necrópolis
Cualquier tocador una ciudad prohibida.
Eso, al menos me enseñaste, explicaste, advertiste,
Los colores son trillados, los bordes inciertos,
La urdimbre, tras un vidrio, se niega a explicar
Un mundo en que el destino y Dios se han vuelto
Famosos tan sólo porque no tienen qué decir.
Lo minúsculo es el último resabio de lo horrendo.
Lo minúsculo es el último resabio de lo horrendo.
Lo minúsculo es el último resabio de lo horrendo.
Lo minúsculo es el último resabio de lo horrendo.
Lo minúsculo es el último resabio de lo horrendo.
Lo minúsculo es el último resabio de lo horrendo.
Lo minúsculo es el último resabio de lo horrendo.
Lo minúsculo es el último resabio de lo horrendo.
Lo minúsculo es el último resabio de lo horrendo.

DE CÓMO LLENAR LA IMAGINACIÓN CON UNA FLOR SOLAR

Cuando llegó al taller y vio sobre la mesa los fotogramas alineados con la pequeña Godiva sobre el corcel blanco, el asistente de Cornell quedó pasmado.

Pensó que la niña personificaba a una estrella atravesando el cielo, un verdadero cuerpo celeste, moviéndose en cámara lenta, arrastrando su cabellera como si fuera la cola de un cometa.

Volvió a mirar. Entonces descubrió que Godiva miraba en dirección a un niño que la miraba, a su vez, desde otro fotograma. Conclusión: Cornell se había dejado cautivar, una vez más, por el romance imposible entre un joven nervaliano y una actriz inalcanzable: otra *Rapsodia para Hedy Lamarr.*

Cornell se le acercó, de pronto, como esperando un comentario.

El asistente se abstuvo de opinar. Sabía que su maestro aborrecía la narración y que habría sido capaz de eliminar cualquier secuencia que la fomentara, incluso, de descartar el film en su totalidad.

El silencio pasó entre los hombres como un regalo. Cornell se alejó sonriendo. Por supuesto que había allí una historia de amantes desdichados. No podía ignorarlo, él que era uno a perpetuidad.

Alguien la espía. Como si intentara darle alcance, saber quién era ella entre el búho y la luna, cuando cruzaba una página de epifanías blancas. *Peeping Tom* del ser, testigo lúcido, *n i h i l.* Ser era un dolor tal vez. Indeclinable. Y la pequeña amazona lo sabe y quien la espía, no.

n i h i l   n i h i l   n i h i l

OBITUARY

JOSEPH L CORNELL

Private services for Joseph L. Cornell, 69, an artist and sculptor, internationally known for his collages and constructions utilizing small boxes, will be held Saturday at Oak Hill Cemetery, Nyack, NY. He died Friday at his home in Flushing, Queens, of a heart attack. Cornell's work has been exhibited in Paris and at the Guggenheim Museum, the Whitney Museum, The Metropolitan, Carnegie Institute and Museum of Modern Art.

DEAR BUTTERFLY,

Ayer soñé con un ejército de hormigas que ejecutaban una danza sobre una arena blanca. La lucha era feroz y, quizá también, inútil porque el enemigo no estaba en ningún lado o no existía. Una de ellas tenía una espada mágica, era más veloz que un ser humano. Otra lanzaba jabalinas como quien da una dádiva amorosa. Otra blandía alfabetos que había arrancado de las ramas, y otra aún se escondía tras el yelmo de la invisibilidad. Pero algunas se columpiaban en el aire, dotadas de súbitas alas o rodeaban a las jefas con pequeños gritos estridentes. Parecían amazonas diminutas conduciendo el carro de sus cuerpos con bridas de oro, o bien insólitas doncellas a punto de yacer hendidas, en condición erótica. Me desperté llorando copiosamente.

Dear Butterfly,

Anoche soñé con un ejército de hormigas que ejecutaban 1 danza espiral sobre 1 arena blca. La lucha fue silenciosa y feroz. Una de ellas blandía una espada mágica, era más veloz que un ser humano. Otra lanzaba jabalinas, tenía la piel hechizada, c/si estuviera habituada a las dádivas amorosas. Pero algunas se columpiaban en el aire, dotadas de súbitas alas o rodeaban a las jefas con pequeños gritos estridentes. Parecían amazonas diminutas que conducían el carro de sus cuerpos con bridas de oro y se dirigían hacia ellas mismas, o hacia la noche de la inevitable muerte. Me desperté llorando copiosamente donde al final yacerán heridas, en condición erótica.

③ y elogiaban la batalla x la batalla =

① Y quizá inútil, x q el enemigo no estaba a la vista y acaso no existía.

② Otra blandía alfabetos que había arrancado de las ramas y otra aún se escondía tras el yelmo de la invisibilidad

④ incomprensible, ya que

. . . .

. . . .

. . . .

. . . .

. . . .

. . . .

. . . .

. . . .

. . . .

. . . .

. . . .

. . . .

. . . .

. . . .

. . . .

. . . .

. . . .

. . . .

. . . .

. . . .

. . . .

. . . .

. . . .

. . . .

. . . .

. . . .

Como si . . . .
. . . .
. . . .
. . . .
. . . .
. . . .
. . . .
. . . .
. . . . la infancia de la muerte o
la muerte de la infancia . . . .

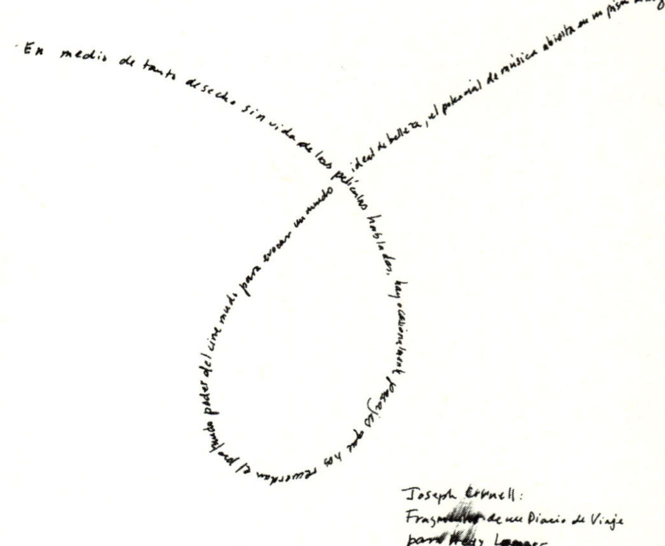
En medio de tanto desecho sin vida de las películas habladas, hay ocasionalmente pasajes que nos recuerdan el profundo poder del cine mudo para evocar un mundo ideal de belleza, el potencial de música abierta en un piso de luz
Joseph Cornell:
Fragmentos de un Diario de Viaje
para Hedy Lamarr.

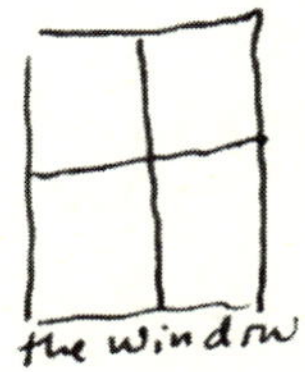

ESTA EDICIÓN, PRIMERA,
DE «ELEGÍA JOSEPH CORNELL», DE
MARÍA NEGRONI, SE TERMINÓ DE
IMPRIMIR EN CAPELLADES
EN EL MES DE ENERO
DEL AÑO
2026

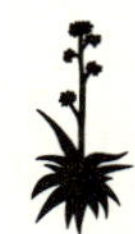